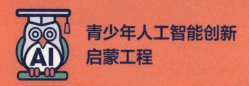

青少年人工智能创新启蒙工程

数据小侦探

基础解密 第5册

方海光 郑志宏 | 总主编
焦玉明 石群雄 王彩琴 | 主编

人民邮电出版社

北京

图书在版编目（CIP）数据

数据小侦探：基础解密 / 方海光，郑志宏总主编；焦玉明，石群雄，王彩琴主编. -- 北京：人民邮电出版社，2024. -- （青少年人工智能创新启蒙工程）. ISBN 978-7-115-65022-1

Ⅰ. G624.583

中国国家版本馆CIP数据核字第2024PD3340号

内 容 提 要

本书是专为小学低年级的学生设计的人工智能科普图书，旨在通过图形化的方式引导学生走进数据的世界，培养他们的数据思维和实践能力。全书共分为4个单元，每个单元都包含生动有趣的实践活动，这不仅有助于学生更好地了解数据在日常生活中的应用，掌握数据收集、数据可视化处理、数据管理和数据分析的基本技能，提升他们的信息素养和解决问题的能力，还为他们进一步学习人工智能和数据分析领域的知识打下坚实的基础。本书适合小学低年级的学生阅读。

◆ 总 主 编　方海光　郑志宏
　 主　　编　焦玉明　石群雄　王彩琴
　 责任编辑　王　芳
　 责任印制　马振武
◆ 人民邮电出版社出版发行　北京市丰台区成寿寺路11号
　 邮编　100164　电子邮件　315@ptpress.com.cn
　 网址　https://www.ptpress.com.cn
　 北京七彩京通数码快印有限公司印刷
◆ 开本：787×1092　1/16
　 印张：5.5　　　　　　　　　　2024年9月第1版
　 字数：55千字　　　　　　　　2024年12月北京第3次印刷
　 定价：30.00元

读者服务热线：(010)53913866　印装质量热线：(010)81055316
反盗版热线：(010)81055315
广告经营许可证：京东市监广登字20170147号

专家委员会

安晓红	边 琦	蔡 春	蔡 可	柴明一	陈 梅	陈 鹏	
杜 斌	傅树京	郭君红	郝智新	黄荣怀	金 文	康 铭	
李 锋	李怀忠	李会然	李 磊	李 猛	刘建琦	马 涛	
陕昌群	石群雄	苏 宁	田 露	万海鹏	王海燕	武佩峰	
武瑞军	武 装	薛海平	薛瑞玲	张 蓓	张 鸽	张景中	
张 莉	张 爽	张 硕	周利江	朱永海			

编委会

白博林	鲍 彬	边秋文	卞 丽	曹福来	曹 宇	崔子千
戴金芮	邓 洋	董传新	杜 斌	方海光	高桂林	高嘉轩
高 洁	郭皓迪	郝佳欣	郝 君	洪 心	侯晓燕	胡 泓
黄颖文惠	季茂生	姜 麟	姜志恒	焦玉明	金慧莉	康亚男
孔新梅	李福祥	李 刚	李海东	李会然	李 炯	李 萌
李 婷	李 伟	李泽宇	栗 秀	梁栋英	刘慧薇	刘 娜
刘晓烨	刘学刚	刘振翠	卢康涵	吕均瑶	马 飞	马小勇
满文琪	苗兰涛	聂星雪	裴少霞	彭绍航	彭玉兵	任 琳
陕昌群	单楷罡	尚积平	师 科	石 磊	石群雄	舒丽丽
唐 淼	陶 静	田 露	田迎春	涂海洋	万 晶	汪乐乐
王彩琴	王丹丹	王 健	王 青	王秋晨	王显闯	王晓雷
王馨笛	王雁雯	王 雨	魏嘉晖	魏鑫格	瓮子江	吴 昊
吴 丽	吴 俣	武佩峰	武 欣	武 艺	相 卓	肖 明
燕 梅	杨琳玲	杨青泉	杨玉婷	姚凯珩	叶宇翔	殷 玥
于丽楠	袁加欣	曾月莹	张 东	张国立	张海涛	张 慧
张京善	张 柯	张 莉	张明飞	张晓敏	张 旭	张 禹
张智雄	张子红	赵 芳	赵 森	赵 山	赵 昕	赵 悦
郑长宏	郑志宏	周建强	周金环	周 敏	周 颖	朱庆煊
朱婷婷						

总 序

在当今信息技术迅猛发展的背景下，人工智能（AI）已成为推动社会进步的关键力量。向小学生普及人工智能相关知识，培养适应未来社会的创新人才，是新时代人工智能发展的必然要求。

本套书致力于开展人工智能普及教育，重点培养小学生的逻辑思维、批判精神和问题解决能力，引导小学生掌握人工智能基本知识、认识人工智能在信息社会中愈发重要的作用、运用人工智能技术解决生活与学习中的问题。通过本套书的学习，学生能够获得人工智能的基本知识、技能、应用能力，在运用人工智能技术解决实际问题的过程中，成长为具有良好的信息意识、计算思维、创新能力以及社会责任感的公民。

本套书的学习内容均来自真实的生活场景，以问题引入，以活动贯穿，运用生动活泼、贴近生活的案例进行概念阐述。其中，每单元的开篇设置生动的单元情景、明确的单元主题、递进的学习目标、可供参考的学习工具，学生可以根据单元主题和学习目标合理安排学习进度，设定预期的学习效果。

同时，本套书还注重结合小学生的学习特点，避免了单纯的知识传授与理论灌输。本套书在编写过程中围绕学生在学校、家庭、社会中的所见所闻展开学习活动，采用体验式学习、项目式学习与探究性学习的形式，在阐述概念和理论的基础上，提升学生的学习兴趣，加强学生对人工智能的理解。

本套书共十二册，内容由浅入深，从基础逻辑知识，到数据和算法，最后到物联网和开源鸿蒙，每册都有不同的主题。本套书要求学生亲自动手完成书中的活动，让学生感受人工智能技术给人们生活带来的美好。

　　本套书得以完成，十分感谢来自北京、沈阳、成都等不同地区的学科专家和一线教师，他们具有丰富的教育教学经验，部分内容经过了多轮教学实践，从而保证了内容的实用性和科学性。特别感谢专家委员会的倾力指导，专家们对本套书的内容选择、展现形式、学习方式等都提出了很多宝贵的建议，极大提高了本套书的内容质量。

　　囿于作者能力，本套书难免存在不完善之处，敬请广大读者批评指正。

总主编 方海光

前 言

在当今科技日新月异的时代，人工智能正以前所未有的速度改变着我们的生活。培养新一代具备创新思维和实践能力的人才，尤其是在小学阶段播下人工智能的种子，已成为教育的重要使命。

本书开篇以"健康生活——生活中的数据"为引，带领孩子们走进一个充满数据奥秘的世界。在我们的日常生活中，数据无处不在。孩子们通过学习收集、整理和分析生活中的数据，不仅能更好地了解身边的事情，还能初步建立起数据意识。每一个数据背后都可能隐藏着故事和规律，就像一个个小线索，等待着他们去发掘。

"探秘智屏岛——数据收集与呈现"单元进一步拓展孩子们的视野。在当今数字化的社会中，数据收集是获取信息的关键环节。本单元将带领孩子们学习如何使用智能工具收集数据，如何将收集到的繁杂数据以清晰、直观的形式展示出来，让人们能够一目了然地理解其中的含义。他们会像小侦探一样，把收集到的数据精心整理并绘制成生动的图表，让数据"说话"。

"文件整理——文件与数据"单元强调数据管理的重要性。在信息爆炸的时代，我们要学会有效地管理数据和文件，以便能够快速准确地找到所需信息。本单元将带领孩子们学习如何对数据和文件进行分类、命名和存储，就像整理自己的小书房一样，让数据和文件井井有条。他们会了解不同类型文件的特点和用途，以及如何建立合理的文件结构。

最后，"建言献策——对学校种植区适合种植的植物品种的建议"单元将所学的知识与实践紧密结合。孩子们运用所学的知识，对学校种植区植物的生长情况进行观察和记录。通过分析这些数据，找到影响植物生长的因素，如光照、水分、土壤等，进而提出有针对性的建议来改善植物的生长环境，提高植物的成活率和生长质量。这不仅可以培养孩子们的实践能力和解决问题的能力，还能让他们在实践过程中体会到知识的力量。他们会像小科学家一样，用数据来支持自己的观点和建议，为校园环境的改善贡献一份力量。

总之，《数据小侦探：基础解密》是一本极具创新性和实用性的科普图书。它以生动有趣的方式，将抽象的数据知识融入到孩子们熟悉的生活场景和实践活动中，激发孩子们对人工智能和数据科学的兴趣。通过这本书的学习，孩子们将逐步掌握数据收集、整理、分析和应用的基本技能，具备创新思维和实践能力。希望这本书能成为孩子们开启人工智能之旅的一把钥匙，引领他们走向充满无限可能的未来。

主编 焦玉明

目 录

第 1 单元

健康生活——生活中的数据 10

第 1 课　什么是数据——寻找身边的数据 12

第 2 课　数据从哪里来——准确采集数据 16

第 3 课　数据怎样整理——整理、统计数据 20

第 4 课　数据改变生活——数据的应用 23

单元总结 28

第 2 单元

探秘智屏岛——数据收集与呈现 30

第 1 课　什么是屏幕使用时间——数据收集与记录 32

第 2 课　屏幕使用时间数据可视化——数据呈现与转换 36

第 3 课　我的智能屏幕使用计划——数据分析与研究 41

第 4 课　揭秘智屏岛——用数据解决实际问题 45

单元总结 49

第 3 单元

文件整理——文件与数据 50

第 1 课	计算机中的数据——数据的存储形式	52
第 2 课	快速定位文件——搜索文件	57
第 3 课	如何整理文件——文件的分类方式	60
第 4 课	井井有条——整理文件	64

单元总结 68

第 4 单元

建言献策——对学校种植区适合种植的植物品种的建议 70

第 1 课	开展对学校种植区的研究——研究准备	72
第 2 课	调研种植区的环境——收集环境数据	75
第 3 课	为种植区选择适合的植物——运用环境数据	78
第 4 课	我对学校种植区适合种植的植物品种的建议——用数据说话	82

单元总结 86

第 1 单元
健康生活——生活中的数据

单元情景

今天我们来认识"数据小侦探"小智和小慧（如图 1.1 所示）。他们将调查同学们的饮食习惯和运动情况，找出有益于健康的生活习惯，并使用数据解谜。通过收集、分析同学们一周的饮食日记和运动记录，小智和小慧希望找到隐藏在数据背后的健康秘密。

图 1.1 小智和小慧

单元主题

我们跟着小智和小慧一起来揭开生活中数据的秘密吧！

1. 数据的概念和表现形式是什么？
2. 收集真实数据的方法是什么？
3. 怎么使用电子表格整理数据、展示数据？
4. 怎么使用电子表格分析数据？

要研究上述这些问题，同学们可以参考下面的流程来开展本单元的学习活动，如图 1.2 所示。

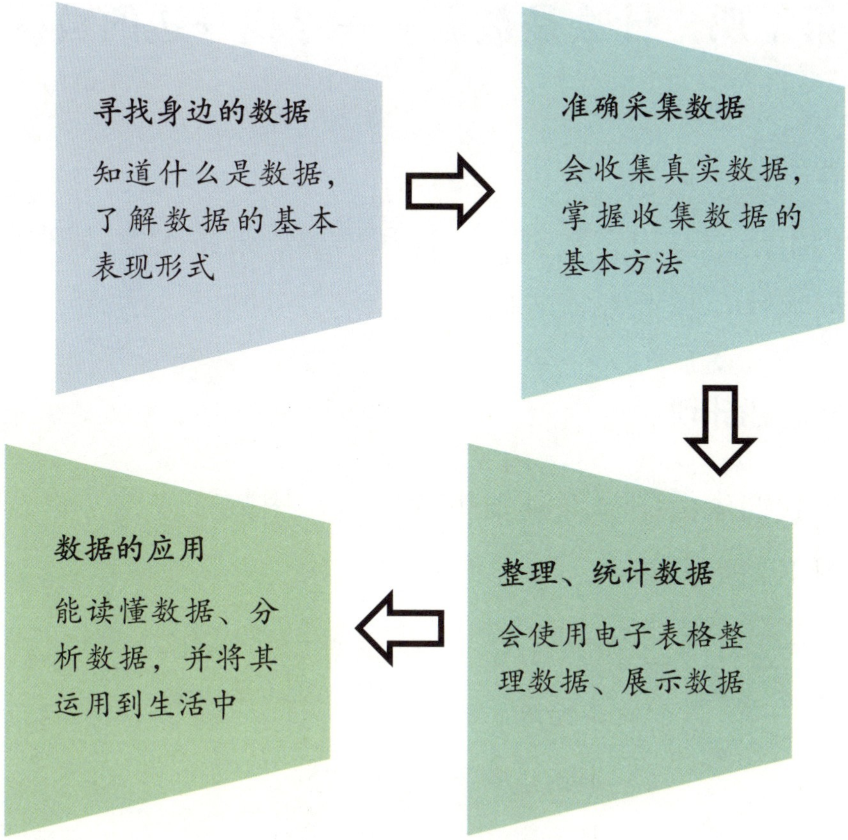

第 1 单元　健康生活——生活中的数据

寻找身边的数据
知道什么是数据，了解数据的基本表现形式

准确采集数据
会收集真实数据，掌握收集数据的基本方法

整理、统计数据
会使用电子表格整理数据、展示数据

数据的应用
能读懂数据、分析数据，并将其运用到生活中

图 1.2　单元学习流程

我的智能学习目标

1. 初步认识什么是数据。
2. 学习并掌握数据收集的基本方法。
3. 掌握数据整理的基本技巧。
4. 了解数据在实际问题中的应用。

我的智能学习工具

硬件准备：可以连接互联网的计算机。

软件准备：电子表格工具。

数据小侦探：基础解密

第1课　什么是数据——寻找身边的数据

我的智能生活

我们生活中有很多数据，小智和小慧能带领大家找到生活中的哪些数据呢？一起来看一下吧！

我的智能活动计划

观察我们生活中每天都发生的事情，用数字或符号将其记录下来，如图1.3所示。

图1.3　智能活动计划

我的智能学习

一、观察生活中每天都重复发生的事情

生活中有很多事情每天都在重复发生。请同学们列举在你的生活中有哪些事情每天都在重复发生呢。例如，每天睡觉、喝水、吃饭、写作业、运动……

二、用数字或符号来记录生活

用数字或符号记录生活是一件既有趣又有意义的事情。
具体建议如下。
1.日常活动：可以用不同的数字或符号来表示不同的活动。例如，上学可以用"📖"来表示，做作业可以用"✍"来表示，运动可以用"⚽"来表示。

2. 饮食：可以用简单的数字或符号来表示不同的食物和饮料。例如，苹果可以用"🍎"来表示，水可以用"💧"来表示。

3. 心情：可以用不同的数字或符号来表示不同的心情，例如，开心可以用"☺"或"10"来表示，不开心可以用"😢"或"1"来表示。

4. 天气：可以用不同的符号来表示不同的天气，晴天可以用"☀"来表示，雨天可以用"☂"来表示。

三、记录方式

制作表格：在一张纸上画一个简单的表格，每一列代表一天，每一行代表一天中的不同时段，在相应的格子里填写数字或符号，我的心情记录如表 1.1 所示。

表 1.1 我的心情记录

	1	2	3	4	5	6	7	8	9	……
早晨	☺	☺	☺	☺	☺	☺	☺	☺	☺	
上午	😢	☺	☺	☺	😠	☺	☺	😢	☺	
中午	😠	☺	☺	☺	☺	☺	☺	☺	☺	
下午	😠	☺	☺	☺	😢	😠	☺	☺	😠	
晚上	😭	☺	😢	☺	☺	😢	😠	😭	😭	

我的智能探索

对比相同类别的记录，你能发现什么？

通过对比表1.1中的记录，我们发现了开心的时候更多，大哭的时候最少。

我的智能成果

通过记录对比，你觉得你生活中应该改变的习惯有哪些，请填写到表1.2中。

表1.2 我的收获

记录项目	我的生活习惯		
例如：心情记录	增加开心次数	减少伤心次数	减少生气次数

请将本节课的学习活动表现记录在表1.3中。

表1.3 我的学习活动表现

评价内容	自我评价	组长评价
能找到数据	☆☆☆☆☆	☆☆☆☆☆
会记录数据	☆☆☆☆☆	☆☆☆☆☆
能看懂数据	☆☆☆☆☆	☆☆☆☆☆

我的智能视野

回顾本节课的学习内容,利用掌握的知识和方法,我们还可以探索更多数据,例如我们喝水的秘密,请填写表1.4,记录自己的研究过程。

表1.4 我的记录

研究问题	我每天要喝多少水
喝水的秘密	例如:设计表格,记录每天分时段的饮水量、种类(含饮料),与该年龄段适合的饮水量进行对比,调整自己的饮水量
研究收获	饮水对健康的影响

数据小侦探：基础解密

第 2 课　数据从哪里来——准确采集数据

我的智能生活

小智和小慧看到你们的成果非常满意，接下来他们将要带领大家用不同的方法采集数据。

我的智能活动计划

要得到准确的数据，就要使用科学的方法，同学们可以参考下面的流程来开展本节课的学习，如图 1.4 所示。

图 1.4　智能活动计划

我的智能学习

一、认识数据收集方法

观察法：直接观察对象，并记录数据。

实验法：改变某些条件，并记录不同的实验结果。

问卷法：采用问卷的方式收集数据。

访谈法：采用访谈的方式收集数据。

文献资料法：从书籍等资料中提取数据。

网络收集法：利用互联网获取数据。

收集数据时，要确保数据的准确性和可靠性，选择合适的收集方法。

二、确定研究主题、选择合适的数据收集方法

1. 研究主题建议

先确定要研究的主题，例如同学们最喜欢的体育活动。

2. 数据收集方法

观察法：观察同学们在参与哪些体育活动，并记录下来。

问卷法：设计一份简单的问卷，问题可以包括"你最喜欢的体育活动是什么？""你一周参与几次这项活动？"等，让同学们填写。

访谈法：选择几位同学，与其进行简短的访谈，询问他们最喜欢的体育活动是什么及喜欢的原因，并将其回答记录下来。

我的智能探索

一、设计数据收集方案

1. 在同一研究方案中选用不同方法收集数据

将收集的数据填入表 1.5 中。

表 1.5　收集参加某项运动人数的数据

单位：人

	跑步	跳绳	篮球	……
观察法	50	35	40	
问卷法	15	10	20	
访谈法	16	11	15	

2. 收集数据

在实施数据收集过程中应注意以下几点。

数据小侦探：基础解密

保持耐心和细心：数据收集可能需要花费一些时间和精力，要保持耐心，细心地记录每一个数据。

确保数据的准确性：收集数据时，要尽量避免错误或遗漏，确保数据的准确性。

尊重他人的隐私：不可泄露个人信息（如姓名、电话号码等隐私信息）。

二、对比用不同数据收集方法收集的数据差异，选择有效数据

以下是一些常见的数据收集方法及其特点，如表1.6所示。

表1.6 数据收集方法及其特点

方法	优点	缺点
观察法	直接观察、数据真实	观察者偏差、难以量化
问卷法	成本低、易分析	有回答偏差
访谈法	信息详细	耗时长
实验法	能控制变量、结果可靠	难以复制条件
文献资料法	利用现有数据、成本低	时效性差

我的智能成果

采用不同方法收集数据，分析并选择有效数据。将本节收获记录在表1.7中。

第1单元 健康生活——生活中的数据

表1.7 我的收获

研究问题	我的收获
用不同方法收集数据	例如：问卷法最便于统计、观察法最客观真实

请将本节课的学习活动表现记录在表1.8中。

表1.8 我的学习活动表现

评价内容	自我评价	组长评价
初步学会设计数据收集方案	☆☆☆☆☆	☆☆☆☆☆
知道实施数据收集的过程	☆☆☆☆☆	☆☆☆☆☆
初步学会选择有效数据	☆☆☆☆☆	☆☆☆☆☆

我的智能视野

回顾本节课的学习内容，我们学习了如何获得真实的数据。你能不能为即将召开的学校运动会进行一次数据收集，并根据数据给出合理建议。

第3课　数据怎样整理——整理、统计数据

我的智能生活

小智和小慧发现同学们收集了大量数据，本节课计划教大家如何使用工具整理和统计数据。

我的智能活动计划

可以使用电子表格整理、统计数据，同学们请参考下面的流程来开展本节课的学习，如图1.5所示。

图1.5　智能活动计划

我的智能学习

一、认识电子表格

电子表格是一种数据处理工具，用于整理和统计数据。它是由行、列组成的二维表格，可在单元格中输入数据。它还具备排序、筛选、制作图表等功能，便于处理数据。常见的电子表格软件有Excel、WPS表格等，如图1.6所示。

第1单元 健康生活——生活中的数据

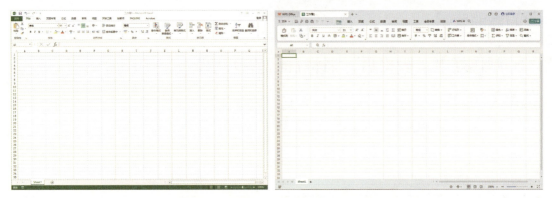

图1.6 常见的电子表格软件

二、制作一张完整的电子表格

在确定使用哪种电子表格软件后，要考虑表格需要哪些字段，参考表1.9，制作表格。

表1.9 制作不同年级最喜欢跑步项目的人数的表格

单位：人

	30米跑	50米跑	100米跑	200米跑	400米跑	800米跑
一年级						
二年级						
三年级						
四年级						
五年级						
六年级						

我的智能探索

请说一说将数据电子化以后有哪些优点。

例如：提高可搜索性，快速找到信息；在存储和备份能力方面，相较于纸质文件，电子数据更便于复制和传输。

数据小侦探：基础解密

我的智能成果

制作好电子表格后，请将自己的收获以文字或图片的形式记录在表 1.10 中。

表 1.10 我的收获

研究问题	我的收获
关于学校运动会的调查数据	例如：我发现了全校同学最喜欢和最不喜欢的运动项目

请将本节课的学习活动表现记录在表 1.11 中。

表 1.11 我的学习活动表现

评价内容	自我评价	组长评价
基本掌握电子表格软件的使用方法	☆☆☆☆☆	☆☆☆☆☆
会制订表格字段	☆☆☆☆☆	☆☆☆☆☆
能正确填写数据	☆☆☆☆☆	☆☆☆☆☆
会快速查找数据	☆☆☆☆☆	☆☆☆☆☆

我的智能视野

回顾本节课的学习内容，利用掌握的知识和方法，你还统计了哪些数据？

我还利用电子表格统计了_____

例如：我家一周的垃圾数据、我家一周的饮食数据。

第4课　数据改变生活——数据的应用

我的智能生活

小智和小慧建议同学们对学校运动会的调查数据进行分析，形成报告，并将其作为制订运动会流程和比赛项目的参考。

我的智能活动计划

同学们可以参考下面的流程来开展本节课的学习，如图1.7所示。

图 1.7　智能活动计划

我的智能学习

一、制作图表

同学们整理好的数据可以通过图表来表示，我们利用图表可以轻松分析数据，揭示其中的秘密，如表1.12和图1.8所示。

表 1.12　不同年级最喜欢的跑步项目的人数调查数据

单位：人

	30米跑	50米跑	100米跑	200米跑	400米跑	800米跑
一年级	50	17	21	5	6	1
二年级	0	60	71	15	11	2
三年级	0	30	55	1	8	5
四年级	0	50	22	13	7	10

数据小侦探：基础解密

续表

	30米跑	50米跑	100米跑	200米跑	400米跑	800米跑
五年级	0	55	15	15	6	11
六年级	0	55	35	3	5	20
合计	50	267	219	52	43	49

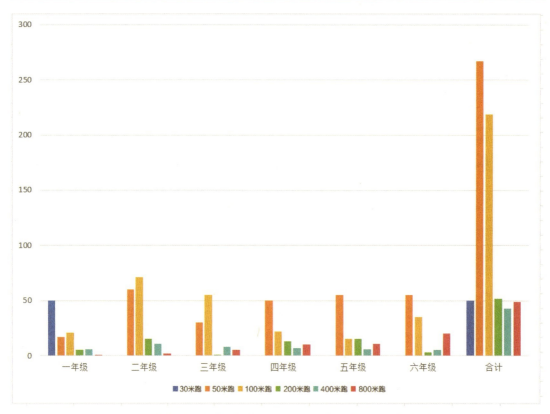

图1.8 不同年级最喜欢的跑步项目的人数调查数据柱状图

二、解读图表

分析图1.8，能够发现全校同学最喜欢的跑步项目是50米跑，一年级最喜欢的是30米跑，二年级最喜欢的是100米跑，三年级最喜欢的是100米跑，四年级最喜欢的是50米跑，五年级最喜欢的是50米跑，六年级最喜欢的是50米跑。

我的智能探索

一、认识数据分析报告

1. 了解数据分析报告

数据分析报告就像一本故事书。首先，数据分析报告会告诉我们它要分析的问题是什么，就像故事书的主题。其次，数据分析报告会展示数据从哪里来，是怎么收集的，就像故事书是谁写的。数据分析报告中的图表会把数据变得更容易理解，就像故事书中的彩色插画。再次，数据分析报告会解释数据的意思，就像故事书中讲解的故事。最后，数据分析报告会总结分析过程，给出建议，就像故事书最后给出的道理。所以，数据分析报告有主题，有数据来源，有好看的图表，有解释，还有总结和建议，就像一本有趣的故事书。

2. 交流讨论数据分析报告

我们像分享故事一样交流讨论数据分析报告。首先，每个人展示自己的报告，讲述数据的收集过程。互相倾听，提出问题，如数据为什么增加，或者这些数据真的能说明问题吗？其次，我们会讨论报告中的有趣部分，如特别大的数据或变化很大的数据，并思考这些发现对我们有什么帮助。最后，我们总结交流讨论的内容，分享新的想法。这样的讨论很有趣，能帮助我们更好地学习和理解数据。

二、关于大数据

大数据的产生是多因素共同作用的结果，如互联网使用者产生的数据、各种传感器收集的数据等。随着技术的不断发展和应用领域的拓展，大数据将继续发挥重要作用。无处不在的大数据如图1.9所示。

数据小侦探：基础解密

图 1.9　无处不在的大数据

我的智能成果

请将自己的收获以文字或图片的形式记录在表 1.13 中。

表 1.13　我的收获

研究问题	我的收获
利用数据做决策	例如：原以为 100 米跑是同学们最喜欢的跑步项目，通过数据收集与分析发现，50 米跑是同学们最喜欢的跑步项目

请将本节课的学习活动表现记录在表1.14中。

表1.14 我的学习活动表现

评价内容	自我评价	组长评价
会简单分析数据	☆☆☆☆☆	☆☆☆☆☆
能撰写简单的数据分析报告	☆☆☆☆☆	☆☆☆☆☆
能交流数据分析报告	☆☆☆☆☆	☆☆☆☆☆

我的智能视野

回顾本节课的学习内容，利用数据做决策，我们还可以继续研究关于大数据的相关知识，尤其是利用人工智能分析大数据，这能让大数据在生活、生产中发挥出更大作用。

单元总结

我做了什么

通过本单元的学习活动，同学们学习了信息的基本元素——数据，借助电子表格工具完成了数据收集、整理、分析及撰写数据分析报告，并将数据应用于生活中，经历了"认识基本概念→掌握基本知识→运用电子表格工具→解决实际问题"的过程。

我学会了什么

梳理本单元的活动内容，同学们会发现自己经历了以下的学习环节，如图 1.10 所示，今后在学习新知识时，也可以参考这样的方法和过程，让学习新知识的过程更加科学。

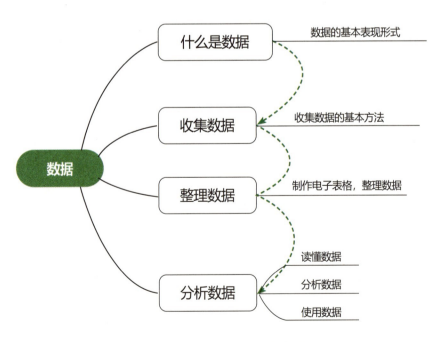

图 1.10　本单元思维导图

第1单元 健康生活——生活中的数据

我的收获

本单元的学习即将结束，通过这一单元的学习，同学们已经对数据有了更深入的理解，包括什么是数据、怎样收集数据等。同学们也掌握了数据处理和分析的一些基本方法，例如，如何收集数据、如何对数据进行整理、如何运用电子工具进行数据分析等。这些技能不仅可以帮助同学们更好地理解和处理生活中的各种数据，也可以为同学们的未来学习和生活决策助力。

当然，数据在健康、饮食、交通等方面有着重要的作用。例如，数据可以帮助我们预判交通流量、提前规划出行路线，避开拥堵路段。同学们还想研究哪些方面的数据呢？请写出来。

例如：我们可以通过分析气象数据来预测天气变化，及时发布预警信息，减少自然灾害对人们生活的影响。

_____
_____
_____
_____

第 2 单元
探秘智屏岛——数据收集与呈现

单元情景

长时间观看屏幕可能会导致视力下降，还可能会影响我们的学习。因此我们要探索智能屏幕使用问题，通过数据收集和分析，找出优化方案，让自己能够科学地使用智能屏幕，如图 2.1 所示。

图 2.1　使用智能屏幕

单元主题

数据经过有效的处理能快速呈现数据中的规律和关联性，帮助人们做出决策，进而解决实际问题。请你和同学们讨论并思考以下问题。

1. 怎么收集数据？
2. 如何将数据可视化，让人们更容易理解？
3. 如何通过图表分析数据？
4. 怎么用演示文稿展示用数据解决实际问题的过程？

要研究上述这些问题，同学们可以参考下面的流程来开展本单元的学习活动，如图 2.2 所示。

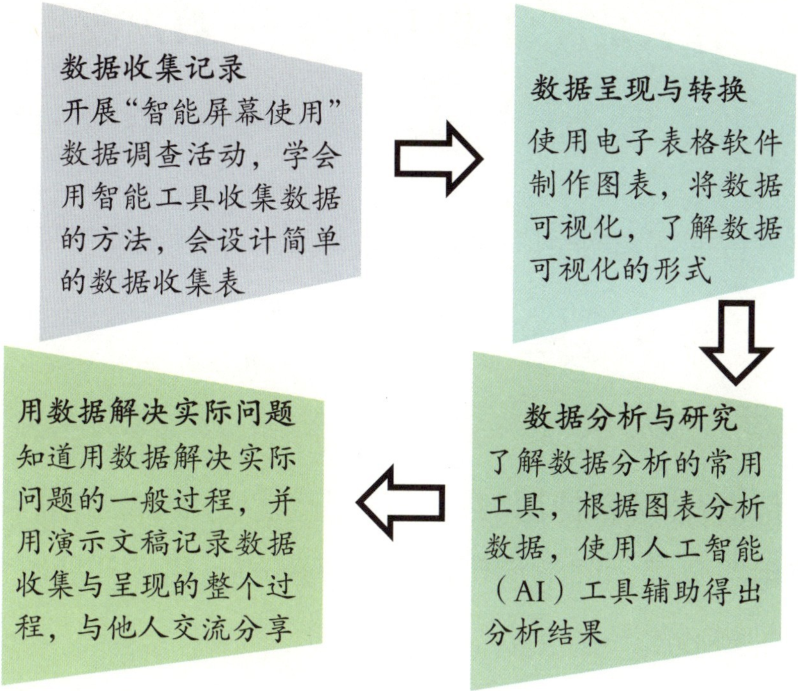

第 2 单元　探秘智屏岛——数据收集与呈现

数据收集记录
开展"智能屏幕使用"数据调查活动，学会用智能工具收集数据的方法，会设计简单的数据收集表

数据呈现与转换
使用电子表格软件制作图表，将数据可视化，了解数据可视化的形式

用数据解决实际问题
知道用数据解决实际问题的一般过程，并用演示文稿记录数据收集与呈现的整个过程，与他人交流分享

数据分析与研究
了解数据分析的常用工具，根据图表分析数据，使用人工智能（AI）工具辅助得出分析结果

图 2.2　单元研究流程

我的智能学习目标

1. 了解利用智能工具收集数据的一般过程。

2. 了解数据可视化的形式并学会创建图表。

3. 了解数据分析的常用工具，用 AI 工具辅助得出分析结果，体会数据对决策的重要性。

4. 了解用数据解决实际问题的一般步骤，并用演示文稿展示数据收集与呈现的全过程。

我的智能学习工具

硬件准备：可以连接互联网的计算机、智能手机。

软件准备：表格制作、演示文稿软件，屏幕使用时间、护眼小助手、数字健康应用程序。

数据小侦探：基础解密

第1课　什么是屏幕使用时间——数据收集与记录

我的智能生活

开展"智能屏幕使用"数据调查活动，利用智能工具收集与记录数据。

我的智能活动计划

要进行"智能屏幕使用"数据的调查，就要先学会收集与记录"智能屏幕使用"数据，同学们可以参考下面的流程来开展本节课的学习，如图 2.3 所示。

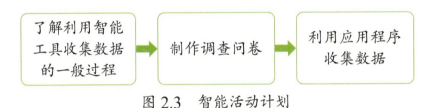

图 2.3　智能活动计划

我的智能学习

一、利用智能工具收集数据的一般过程

利用智能工具收集数据一般包括以下几个步骤，如图 2.4 所示。

图 2.4　利用智能工具收集数据的步骤

二、调查问卷

调查问卷是一种常用的智能数据收集方法，它一般由问卷标题、问卷说明和问卷题目组成。问卷题目包括单选型问题、多选型问题、叙述型问题等，如图 2.5～图 2.7 所示。

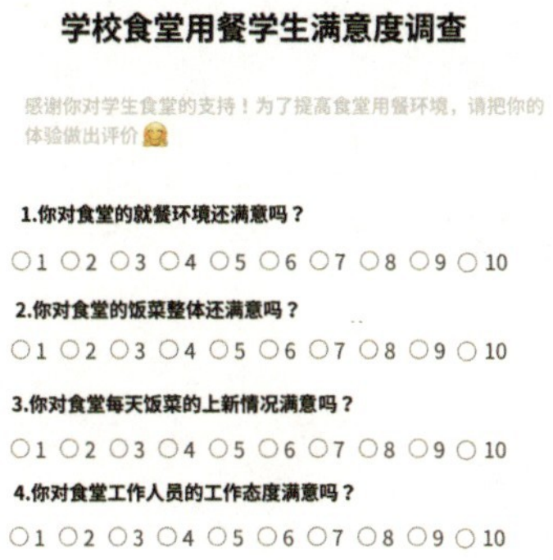

图 2.5　单选型问题

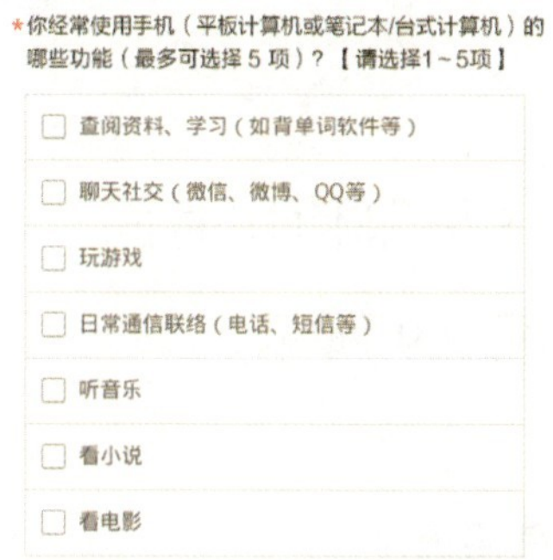

图 2.6　多选型问题

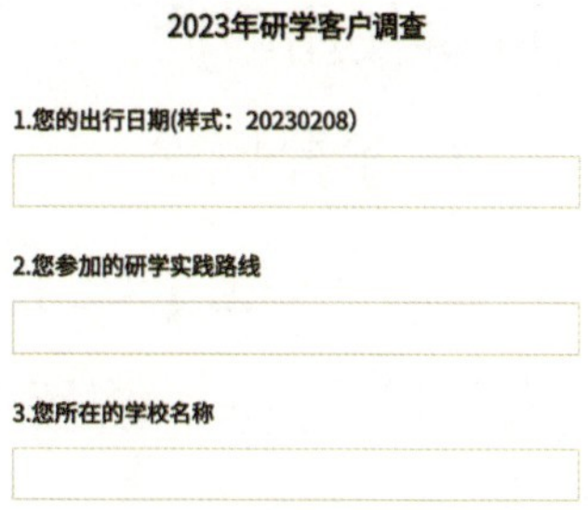

图 2.7　叙述型问题

我的智能探索

一、制作调查问卷

利用问卷制作软件，小组合作设计"小学生使用智能屏幕情况"调查问卷，如图 2.8 所示。

图 2.8　"小学生使用智能屏幕情况"调查问卷

二、收集数据

智能工具中有许多用来查看智能屏幕使用情况的应用程序,如"屏幕使用时间"。

1. 查看数据

进入智能手机上的"屏幕使用时间"应用程序,查看"今天屏幕使用"数据。界面如图 2.9 所示。

图 2.9 查看"今天屏幕使用"数据界面

2. 收集数据

请你根据收集数据的应用程序,把观察到的数据填写到表 2.1 中。

表 2.1 "今天屏幕使用"数据收集表

收集人:	收集数据的应用程序:
收集时间:	今天屏幕使用时长:
屏幕使用主要应用程序名称	程序应用时长
例如:1. 浏览器	3 分钟
2.	
3.	
4.	
5.	

3. 连续收集数据

请你从今天开始收集"我的一周屏幕使用时间"数据。

三、其他收集数据的智能工具

你还知道其他收集数据的智能工具吗？请你写下来。

例如：数字健康。

_____。

我的智能成果

1. 通过本节课学习，说一说你有哪些收获。
2. 请将本节课的学习活动表现记录在表 2.2 中。

表 2.2　我的学习活动表现

评价内容	自我评价	同伴评价
具有利用智能工具收集数据的意识	☆☆☆☆☆	☆☆☆☆☆
了解利用智能工具收集数据的一般过程	☆☆☆☆☆	☆☆☆☆☆
能利用应用程序收集"屏幕使用时间"数据	☆☆☆☆☆	☆☆☆☆☆
会设计简单的屏幕使用数据收集表	☆☆☆☆☆	☆☆☆☆☆

我的智能视野

在线智能工具的收集范围非常广泛。请你用相应工具收集一周的天气情况，如温度、湿度、风力、能见度等。

数据小侦探：基础解密

第 2 课　屏幕使用时间数据可视化——数据呈现与转换

我的智能生活

把"我的一周屏幕使用时间"记录的数据转换为图表，将数据可视化。

我的智能活动计划

要将数据可视化，同学们可以参考下面的流程来开展本节课的学习，如图 2.10 所示。

图 2.10　智能活动计划

我的智能学习

一、什么是数据可视化

数据可视化是将抽象的数据以图形、图像等形式呈现出来，它可以揭示数据间的规律，获取数据中的信息，协助人们做决策，从而帮助人们找到解决问题的方法。

二、数据可视化的形式

在我们生活中，可视化的数据随处可见，如图 2.11～图 2.14 所示。

第 2 单元　探秘智屏岛——数据收集与呈现

图 2.11　天气预报

图 2.12　计步器

图 2.13　本月用电预测

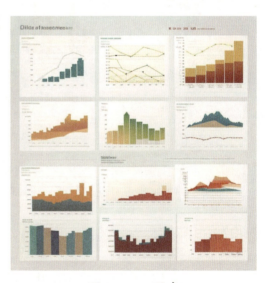

图 2.14　图表

三、创建图表

创建图表的操作步骤如图 2.15 所示。

数据小侦探：基础解密

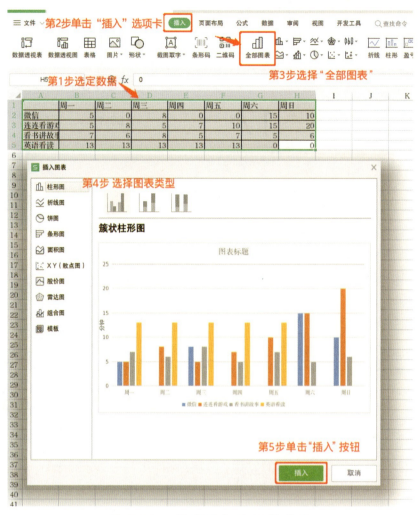

图 2.15　创建图表的操作步骤

我的智能探索

1. 你还见过生活中的哪些数据可视化案例，请写在横线上。

例如：道路交通拥堵图。

_____

_____。

2. 请把"我的一周屏幕使用时间"数据转换成图表，如图 2.16 所示。

第 2 单元　探秘智屏岛——数据收集与呈现

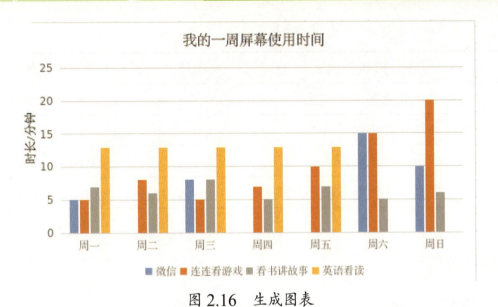

图 2.16　生成图表

3. 常见的图表类型有柱状图、折线图、散点图等，请你把刚才的图表更换一种类型。界面如图 2.17 所示。

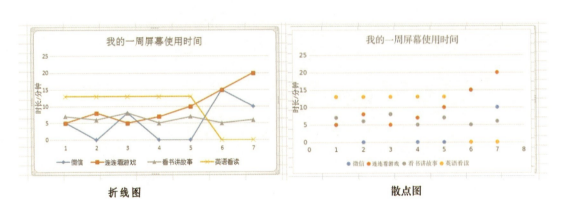

图 2.17　不同类型的图表呈现界面

我的智能成果

1. 通过本节课学习，说一说你有哪些收获。
2. 请将本节课的学习活动表现记录在表 2.3 中。

表2.3 我的学习活动表现

评价内容	自我评价	同伴评价
了解了什么是数据可视化	☆☆☆☆☆	☆☆☆☆☆
知道数据可视化的多样性	☆☆☆☆☆	☆☆☆☆☆
学会创建图表并更改图表类型	☆☆☆☆☆	☆☆☆☆☆
通过图表得出简单的屏幕使用策略	☆☆☆☆☆	☆☆☆☆☆

我的智能视野

数据可视化可以让我们更容易地找到数据间的规律、获取信息。例如，交通导航、心电图、人口统计等数据图表都可以轻松传达出复杂的信息，挖掘出潜在的趋势。

第3课　我的智能屏幕使用计划——数据分析与研究

我的智能生活

利用图表及人工智能工具对数据进行分析与研究，制订"我的智能屏幕使用计划"。

我的智能活动计划

要知道如何进行数据的分析与研究，同学们可以参考下面的流程来开展本节课的学习，如图2.18所示。

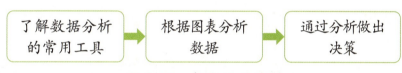

图 2.18　智能活动计划

我的智能学习

一、数据分析的工具

数据分析的常用工具如图2.19所示。

> 1. **表格处理工具**：具有丰富的函数和数据分析功能，适合处理小规模的数据集。
> 2. **编程软件**：适合复杂的数据分析和机器学习任务。
> 3. **开源数据处理工具**：支持实时数据和大规模数据处理。
> 4. **在线人工智能工具**：自动分析数据，提供分析结果并提出建议。

图 2.19　数据分析的常用工具

二、利用在线人工智能工具分析数据

在线人工智能工具界面如图 2.20 所示。

图 2.20　在线人工智能工具界面

我的智能探索

一、分析数据

请你用在线人工智能工具，小组合作分析图 2.21 中的数据，将结果写在横线上。

图 2.21　近 7 天屏幕使用数据

我的分析结果是：

例如：应缩短社交应用程序使用时间。

_____

_____

二、做出决策

综合以上分析结果，制订"我的智能屏幕使用计划"。"我的智能屏幕使用计划"任务单如表2.4所示。

表2.4 "我的智能屏幕使用计划"任务单

我的智能屏幕使用计划
1. 例如：将亮屏时间设置为20分钟_____。
2. _____。
3. _____。
4. _____。
5. _____。

我的智能成果

1. 通过本节课学习，说一说你有哪些收获。

2. 请将本节课的学习活动表现记录在表2.5中。

表 2.5　我的学习活动表现

评价内容	自我评价	同伴评价
了解数据分析的常用工具	☆☆☆☆☆	☆☆☆☆☆
能够根据图表分析数据	☆☆☆☆☆	☆☆☆☆☆
根据数据分析，做出决策	☆☆☆☆☆	☆☆☆☆☆

我的智能视野

通过研究和总结数据，人们可以有效地解决实际生活问题。例如，"医疗健康数据"为人们就医提供了帮助，"生活服务数据"为人们生活提供了便利。

第 2 单元　探秘智屏岛——数据收集与呈现

第 4 课　揭秘智屏岛——用数据解决实际问题

我的智能生活

"探秘智屏岛"结束了，我们将数据分析过程和结果做成演示文稿与同学们分享交流，学会用数据解决实际问题，让数据更好地服务我们的学习和生活。

我的智能活动计划

要了解怎样用数据解决问题，同学们可以参考下面的流程来开展本节课的学习，如图 2.22 所示。

图 2.22　智能活动计划

我的智能学习

一、用数据解决实际问题的一般过程

回顾智屏岛的探秘过程，主要经历了以下 5 个步骤，如图 2.23 所示。

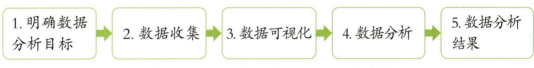

图 2.23　用数据解决实际问题的步骤

二、演示文稿的作用

演示文稿作为一种多媒体展示工具，能够将复杂的数据信息以

视觉方式直观地呈现给观众。

演示文稿的制作步骤如下。

1. 新建幻灯片，界面如图 2.24 所示。

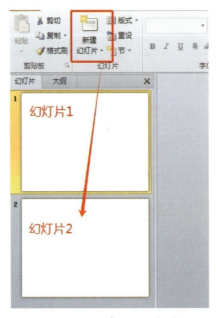

图 2.24　新建幻灯片界面

2. 给每张幻灯片添加标题，效果如图 2.25 所示。

图 2.25　给每张幻灯片添加标题效果

3. 给每张幻灯片添加内容，效果如图 2.26 所示。

图 2.26　给每张幻灯片添加内容效果

我的智能探索

1. 小组合作将"我的一周屏幕使用时间"数据的分析过程和结果做成演示文稿,要求如图2.27所示。

> 要求:
> 1. 以用数据解决实际问题的5个步骤为顺序。
> 2. 适当地利用演示文稿中的图表。
> 3. 分析得出的结论要准确,有助于他人理解。

图2.27 演示文稿制作要求

2. 将制作的演示文稿在班里进行汇报展示。

我的智能成果

1. 通过本节课学习,说一说你有哪些收获。
2. 请将本节课的学习活动表现记录在表2.6中。

表2.6 我的学习活动表现

评价内容	自我评价	同伴评价
知道用数据解决实际问题的一般过程	☆☆☆☆☆	☆☆☆☆☆
梳理"我的一周屏幕使用时间"数据调查研究过程	☆☆☆☆☆	☆☆☆☆☆
能够用演示文稿展示自己的研究过程	☆☆☆☆☆	☆☆☆☆☆
乐于分享自己的研究成果	☆☆☆☆☆	☆☆☆☆☆

数据小侦探：基础解密

我的智能视野

　　数据不仅对我们的个人生活产生了深远的影响，也对国家的发展起到了重要的推动作用。请你按照本单元学到的方法，制作一个"我的智慧小区"数据调查演示文稿，让更多人了解越来越多的智慧城市元素已经融入我们的日常生活，通过你的调查数据改善小区的生活环境。

单元总结

我做了什么

这一单元的学习活动让同学们深入了解了用数据解决实际问题的方法。通过收集数据、创建图表、数据可视化、分析得出结论的过程，同学们解决了"智能屏幕使用"的困扰；利用演示文稿，将这一过程记录下来并进行展示。

我学会了什么

梳理本单元的活动内容，请同学们把本单元思维导图补充完整，如图 2.28 所示。今后在解决新问题时，也可以参考这样的方法和流程。

图 2.28　本单元思维导图

我的收获

本单元的学习即将结束，回忆自己的学习内容，请同学们将自己的新收获写出来。

_____

_____

第 3 单元
文件整理——文件与数据

单元情景

我们收集整理的数据是如何存储在计算机等设备中的呢？每一位同学都有自己的班级和座位，去专业教室上课也会有固定的座位。那么，存储在计算机中的数据是否也像我们一样，有自己固定的位置呢？这个位置如何表示呢？

让我们和小智、小慧一起来探究，在计算机等设备中是如何进行数据存储的，又是如何将数据文件按使用者的需求进行整理归类，让其变得井井有条、方便使用的。

单元主题

井然有序的文件和文件夹，能够让人们更快速地找到需要的数据信息，提高办公效率。怎么让文件变得井然有序呢？请你和同学们讨论并思考以下问题。

1. 计算机是如何存储数据的？
2. 数据和文件之间有什么关系？
3. 文件在进行分类时有哪些依据？
4. 用什么方法可以将分类思路更直观地呈现出来？
5. 怎样在计算机中整理文件？
6. 人工智能在文件整理中可以起到哪些作用？

要研究上述这些问题，同学们可以参考下面的流程来开展本单元的学习活动，如图 3.1 所示。

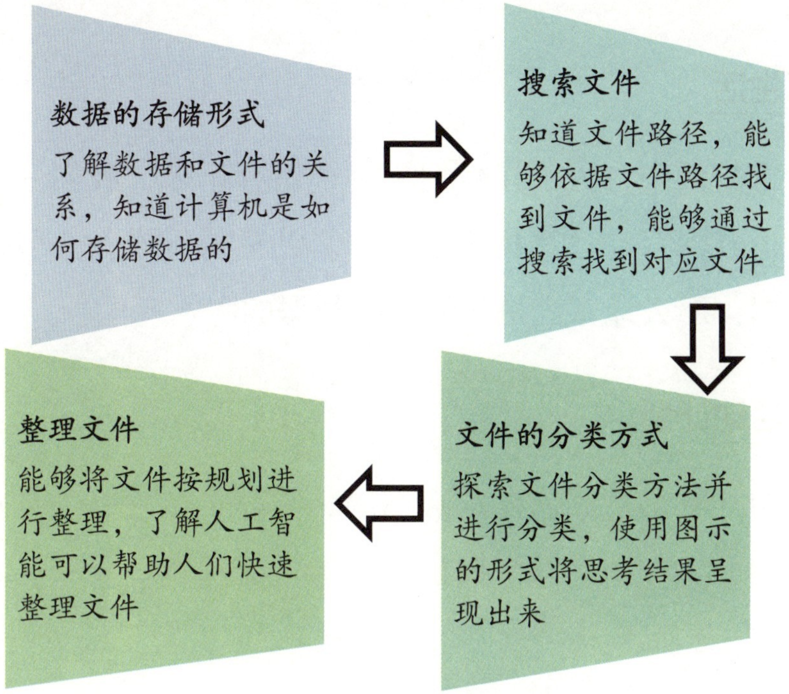

数据的存储形式
了解数据和文件的关系，知道计算机是如何存储数据的

搜索文件
知道文件路径，能够依据文件路径找到文件，能够通过搜索找到对应文件

整理文件
能够将文件按规划进行整理，了解人工智能可以帮助人们快速整理文件

文件的分类方式
探索文件分类方法并进行分类，使用图示的形式将思考结果呈现出来

图 3.1　单元学习流程

我的智能学习目标

1. 了解文件是数据的表现形式，文件类型有很多种。
2. 了解在计算机中数据是以二进制方式进行存储的。
3. 知道文件的常见类型并能够新建一个文件。
4. 能够根据需要找到对应的文件并进行查看，理解文件路径。
5. 明确文件分类的方法。
6. 能够根据需求，选择合适的方法对文件、文件夹进行整理。

我的智能学习工具

硬件准备：可以连接互联网的计算机。

软件准备：文字处理软件。

数据小侦探：基础解密

第1课　计算机中的数据——数据的存储形式

我的智能生活

在日常生活中，为了让数据更好地留存下来，我们一般会将其以文件的形式保存在计算机等设备中。计算机等设备一般采用二进制表示数据，那么计算机是如何保存数据的呢？

我的智能活动计划

要知道计算机是如何保存数据的，需要了解二进制及数据如何以二进制的方式存储，同学们可以参考下面的流程来开展本节课的学习，如图3.2所示。

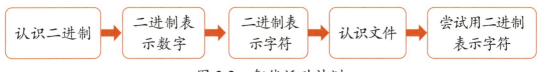

图 3.2　智能活动计划

我的智能学习

一、认识二进制

1679年，莱布尼茨发明了二进制（binary）。在这一系统中，数据通常用两个不同的符号0和1来表示。计算机最初使用电子管来记录、保存状态，电子管只有两种状态：开和关，正好对应二进制中的1和0。

二、二进制表示数字

生活中，我们常用十进制来表示数字，十进制数和二进制数是可以转换的，如表 3.1 所示。

表 3.1 十进制数与二进制数对应关系

十进制数	二进制数	二进制加法（逢 2 进 1）
0	0	
1	1	
2	10	1+1 要进位
3	11	10+1
4	100	11+1 要进位
5	101	100+1
6	110	101+1 要进位
7	111	110+1
8	1000	111+1 要进位
9	1001	1000+1

三、二进制表示字符

ASCII 码（美国信息交换标准码）使用 7 位二进制数（剩下的 1 位二进制数为 0）来表示所有的大写字母和小写字母、数字 0～9、标点符号，以及在美式英语中使用的特殊控制字符。

例如，大写字母 A 在 ASCII 码中是第 65 个，用二进制数表示就是 01000001。

四、认识文件

在计算机中，数据都是以文件形式存储的，这些文件可以是文本、图像、音频、视频等。文件使得数据的存储、组织和访问更加高效和便捷。

计算机中每个文件都有文件名，文件名由主名和扩展名组成，它们之间用"."隔开。例如，"保和殿.bmp"这个文件名的主名是"保和殿"，扩展名是"bmp"。

由于文件中存储的数据不同，文件被分成了不同的文件类型，可以通过文件图标、扩展名等进行区分，如图3.3所示。

图 3.3　不同文件的图标和扩展名

我的智能探索

一、用二进制表示字符

表3.2是部分ASCII码对照表，请结合对照表用二进制表示下列单词。

APPLE

HELLO

WORLD

表 3.2 部分 ASCII 码对照表

字符	十进制	二进制	字符	十进制	二进制
A	65	0100 0001	N	78	0100 1110
B	66	0100 0010	O	79	0100 1111
C	67	0100 0011	P	80	0101 0000
D	68	0100 0100	Q	81	0101 0001
E	69	0100 0101	R	82	0101 0010
F	70	0100 0110	S	83	0101 0011
G	71	0100 0111	T	84	0101 0100
H	72	0100 1000	U	85	0101 0101
I	73	0100 1001	V	86	0101 0110
J	74	0100 1010	W	87	0101 0111
K	75	0100 1011	X	88	0101 1000
L	76	0100 1100	Y	89	0101 1001
M	77	0100 1101	Z	90	0101 1010

二、常见的文件类型

利用资源管理器，可以查看文件夹中文件的修改日期、大小、类型等属性，将收集到的文件类型和扩展名填写到表 3.3 中。

表 3.3 常见文件类型和扩展名

文件名	文件类型	扩展名
例如：故宫整体介绍 .docx	Word 文档	docx

我的智能成果

一、尝试新建一个可存储文本的文件，并将今天学到的知识用几句话概括，存储到文件中。

二、请将本节课的学习活动表现记录在表 3.4 中。

表 3.4 我的学习活动表现

评价内容	自我评价	组长评价
知道数据的存储形式	☆ ☆ ☆ ☆ ☆	☆ ☆ ☆ ☆ ☆
了解二进制	☆ ☆ ☆ ☆ ☆	☆ ☆ ☆ ☆ ☆
知道文件的常见类型	☆ ☆ ☆ ☆ ☆	☆ ☆ ☆ ☆ ☆
能够新建文件并存入数据，且能给文件正确命名	☆ ☆ ☆ ☆ ☆	☆ ☆ ☆ ☆ ☆

我的智能视野

二进制还可以用来表示汉字，请以小组为单位，调查二进制是如何表示汉字的，并与同学们分享。

第 3 单元　文件整理——文件与数据

第 2 课　快速定位文件——搜索文件

我的智能生活

随着我们不断地学习，计算机的磁盘或在线存储空间中都会存储着大量的数据，我们如何才能够在需要时，快速方便地查找到这些文件呢，如图 3.4 所示。

图 3.4　查找文件

我的智能活动计划

要快速找到存储的文件，需要先知道文件的存储路径或文件的一些信息。同学们可以参考下面的流程来开展本节课的学习，如图 3.5 所示。

图 3.5　智能活动计划

我的智能学习

一、认识文件路径

每个存储在计算机中的文件都有明确的位置，就像我们家的地址一样，将文件所在的文件夹一层一层按顺序描述出来，就是文件路径。在书写文件路径时，每个文件夹名之间用"\"隔开。

如图 3.6 所示，"图片"文件夹的路径为：
D:\学生资料\文件找家\图片。

数据小侦探：基础解密

图 3.6　地址栏中显示的文件路径

二、搜索文件

有些时候，我们可能记住了文件的名字，却忘记了它的存储路径，这时，就可以用搜索的方式帮助我们快速找到文件。

要使用搜索功能，需要先找到"搜索框"，不管是计算机等设备，还是在线存储空间，只要找到图 3.7 所示的"搜索框"，就可以使用"文件名""类型"等进行搜索。

图 3.7　搜索框

我的智能探索

1. 请描述出图 3.8 中"保和殿 .bmp"这个文件的文件路径。

保和殿.bmp　平面图.png　全貌.JPG　太和殿.jpg　中和殿.webp

图 3.8　文件路径

2. 请根据下列文件路径，找到对应文件，并进行查看。

① 文件为"十进制数和二进制数对应.png";
其文件路径为"D:\ 学生资料 \ 图片"。
② 文件为"绿色发展.bmp";
其文件路径为"E:\ 学生资料 \ 文件找家 \ 图片"。
③ 文件为"平面图.png";
其文件路径为"E:\ 故宫 \ 图片 \ 平面图"。

3. 尝试使用"搜索框",找到"下雪的故宫.wmv"文件,并进行查看。

我的智能成果

请将本节课的学习活动表现记录在表 3.5 中。

表 3.5　我的学习活动表现

评价内容	自我评价	组长评价
知道文件路径	☆☆☆☆☆	☆☆☆☆☆
能够描述一个文件所在位置	☆☆☆☆☆	☆☆☆☆☆
能够根据文件路径找到指定文件	☆☆☆☆☆	☆☆☆☆☆
能够使用"搜索框"找到指定文件	☆☆☆☆☆	☆☆☆☆☆

我的智能视野

搜索功能可以通过关键词、短语,甚至问题描述进行搜索,智能匹配相关文档,快速定位文件,并提供智能推荐,从而提高用户的工作效率和生活质量。

想一想,使用搜索功能时关键字应该怎么设置,才能更快速地定位文件?

> 数据小侦探：基础解密

第3课 如何整理文件——文件的分类方式

我的智能生活

随着信息量的不断增加，整理好文件对于个人和组织都具有重要意义。要整理好文件，前提是要根据需求对文件进行合理分类。

我的智能活动计划

要做好文件分类，需要先知道文件分类的方法有哪些，再根据需求进行分类。同学们可以参考下面的流程来开展本节课的学习，如图 3.9 所示。

图 3.9 智能活动计划

我的智能学习

一、思维导图

思维导图是表达发散性思维的有效的图形思维工具，它简单又高效，是一种实用性较强的思维工具。

思维导图可以帮助人们更好地理解和记忆信息。思维导图通常以一个中心主题开始，然后向外辐射分支，这些分支代表与中心主题相关的子主题，如图 3.10 所示。思维导图可以用于多种场景，比如总结知识点、计划项目等。

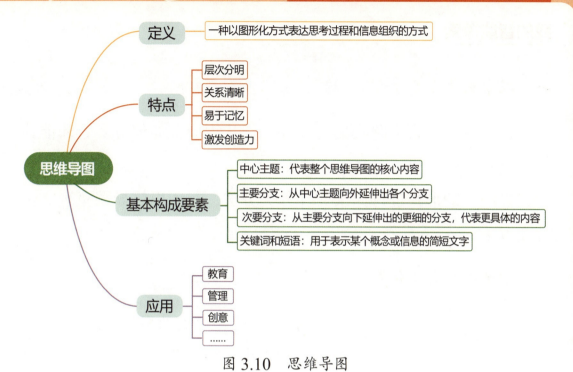

图 3.10　思维导图

二、树形结构

文件夹可以用来组织文件，一个文件夹中可以建立若干个子文件夹……这样像一棵倒过来的大树的结构，被称为树形结构，如图 3.11 所示。

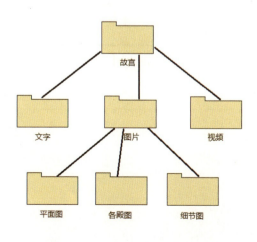

图 3.11　文件夹树形结构

数据小侦探：基础解密

我的智能探索

一、探索文件分类方法

以"故宫"为主题收集的文件，你认为应该如何分类，才能让我们更好地管理和使用这些文件呢？

以小组的形式进行探索文件分类方法，并用思维导图呈现文件分类方法。

二、尝试进行文件分类

请你选择一种合适的方式，对"故宫"主题的所有文件进行分类。

例如，同学们可以选用图示的方式，在任务单中将分类结果呈现出来，然后在小组内进行分享，完善分类。

我的智能成果

在对"故宫"主题的文件完成分类后，同学们将自己的收获以文字或图示的方式记录在表3.6中。

表3.6 我的收获

	我的收获
文件分类方法	
用图示呈现信息的优点	

请将本节课的学习活动表现记录在表 3.7 中。

表 3.7 我的学习活动表现

评价内容	自我评价	组长评价
能够对文件进行分类	☆☆☆☆☆	☆☆☆☆☆
能用图示的方式将分类结果呈现出来	☆☆☆☆☆	☆☆☆☆☆
知道用图示呈现信息的优点	☆☆☆☆☆	☆☆☆☆☆

我的智能视野

你认为思维导图除了用来梳理信息，还可以帮助我们做哪些事？在小组内，请同学们进行交流，并记录下来。

例如：制订计划、记录笔记、梳理知识点、展示思路。

_____
_____

第 4 课　井井有条——整理文件

我的智能生活

人工处理大量文档非常浪费时间。因此，利用人工智能技术进行文档自动分类是一种有效的解决方案。

我的智能活动计划

知道整理文件的方法后，就可以按照自己的想法对文件进行整理了。同学们可以参考下面的流程来开展本节课的学习，如图 3.12 所示。

图 3.12　智能活动计划

我的智能学习

一、人工整理文件的方法

在建立好文件夹后，可以通过"复制－粘贴"或"剪切－粘贴"操作，将文件分类放入对应的文件夹中，完成分类整理，方便后续文件的查找和使用。新建文件夹操作、"复制－粘贴"操作和"剪切－粘贴"操作如图 3.13～图 3.15 所示。

图 3.13　新建文件夹操作

第 3 单元 文件整理——文件与数据

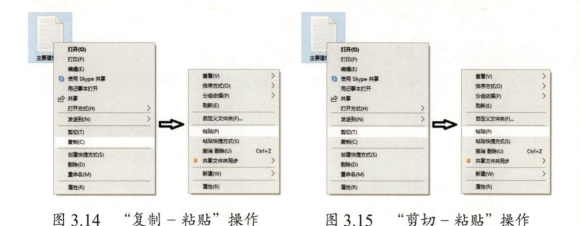

图 3.14 "复制-粘贴"操作　　图 3.15 "剪切-粘贴"操作

在对文件完成分类整理后,需要对文件进行检查,确认分类操作的准确性、合理性。若有问题,可以使用"重命名"操作来对文件夹进行重命名。重命名操作按扭如图 3.16 所示。

图 3.16 重命名操作按钮

二、智能文件整理

人工智能在文件整理中的应用主要体现在自动文本分类和数据挖掘方面。

自动文本分类:通过训练模型,人工智能可以学习不同类别的文本特征,并将新的文本数据准确地分类到相应的类别中。例如,可以帮助银行处理大量的贷款申请表格和相关文档,将其整合到相应的贷款申请文件夹中。

数据挖掘:人工智能可以通过分析大规模的数据,挖掘出隐藏在数据背后的规律和关系,构建知识图谱,为决策和分析提供支持。

例如，应用平台的个性化推荐，就是人工智能技术对数据进行挖掘，更好地理解用户需求，从而进行推荐。

人工智能在文件整理中的优势与挑战如图 3.17 所示。

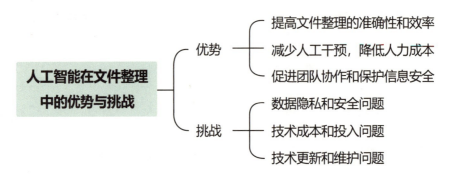

图 3.17　人工智能在文件整理中的优势与挑战

我的智能探索

1. 在动手整理文件之前，请思考整理操作的顺序，用文字或图示的方式填写在表 3.8 中。

表 3.8　整理文件思路

我的整理思路

2. 请使用"学生资源"文件夹中的文件，根据上节课设计好的文件分类，尝试整理文件。

3. 总结在文件整理过程中的注意事项，填写在表 3.9 中。

表3.9 在文件整理过程中的注意事项

注意事项	

我的智能成果

请将本节课的学习活动表现记录在表3.10中。

表3.10 我的学习活动表现

评价内容	自我评价	组长评价
能根据需要选择复制或剪切功能	☆☆☆☆☆	☆☆☆☆☆
能结合上节课的规划，完成文件整理	☆☆☆☆☆	☆☆☆☆☆
知道人工智能在文件整理中的优势	☆☆☆☆☆	☆☆☆☆☆

我的智能视野

请你运用学到的文件整理方法，对家里计算机中的文件进行整理。

数据小侦探：基础解密

单元总结

我做了什么

通过本单元的学习活动，同学们认识了二进制，了解了二进制表示数字和字符的方法，能够根据文件路径找到对应文件，也能使用搜索方法快速找到文件，学习了如何进行文件整理，明确了文件的分类，能根据需要对文件进行分类整理，用思维导图或结构图的方式将分类呈现出来，同时还了解了人工智能也可以帮助人们进行文件整理，提高工作效率。

我学会了什么

梳理本单元的活动内容，请同学们将在文件整理部分学到的内容用思维导图的方式呈现出来，将图3.18补充完整。

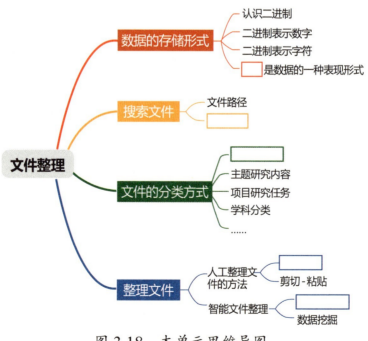

图3.18 本单元思维导图

我的收获

本单元的学习即将结束,同学们在本单元的学习中,有哪些收获,请填写在下面,可以从能力、见识、小组讨论等方面进行书写。

_____
_____
_____
_____。

第 4 单元
建言献策——对学校种植区适合种植的植物品种的建议

单元情景

在校园里，种植区分布在校园的各个角落，有的紧邻教学楼，有的则藏匿于教学楼中。小智和小慧发现矢车菊在有些种植区长得很好，在有些种植区则长势缓慢，如图4.1所示。通过搜索，他们发现矢车菊是长日照植物。能不能借助智能App的帮助，为不同的种植区选择适合种植的植物品种呢？

图4.1　学校种植区

单元主题

在种植的季节，为学校不同区域选择适合种植的植物品种是一项细致且富有意义的工作。请你和同学们讨论并思考以下问题。

1. 如何测量种植区的温度、光照强度等环境数据？
2. 如何利用测量后的数据选择种植区适合种植的植物品种？
3. 种植建议的格式是什么？包含哪些内容？

第4单元 建言献策——对学校种植区适合种植的植物品种的建议

要研究上述这些问题，同学们可以参考下面的流程来开展本单元的学习活动，如图4.2所示。

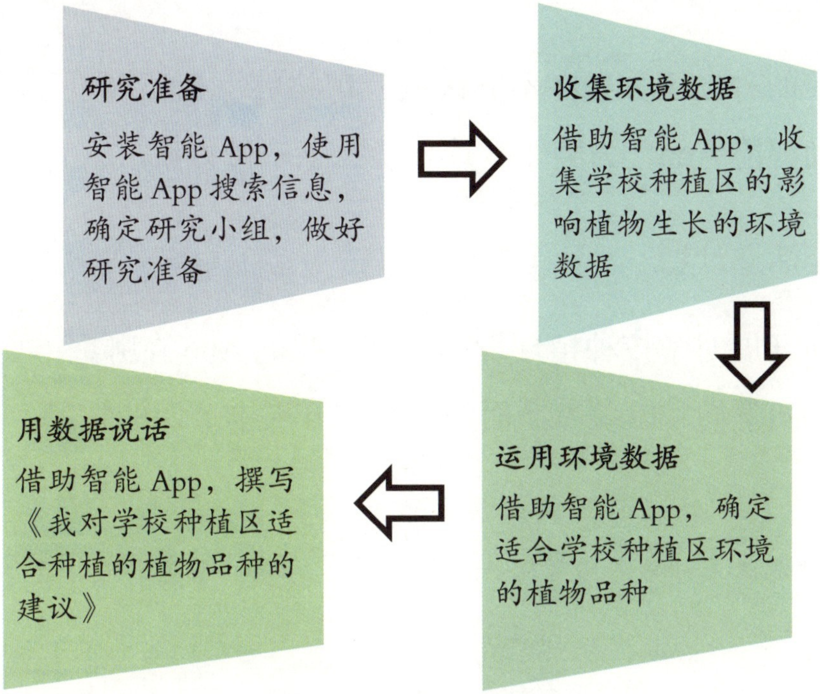

研究准备
安装智能App，使用智能App搜索信息，确定研究小组，做好研究准备

收集环境数据
借助智能App，收集学校种植区的影响植物生长的环境数据

运用环境数据
借助智能App，确定适合学校种植区环境的植物品种

用数据说话
借助智能App，撰写《我对学校种植区适合种植的植物品种的建议》

图4.2 单元学习流程

我的智能学习目标

1. 使用智能App测量植物生长的环境数据，如光照强度、温度等。
2. 使用智能App为学校种植区选择适合的植物品种。
3. 了解种植建议的格式和内容，撰写《我对学校种植区适合种植的植物品种的建议》。

我的智能学习工具

硬件准备：可以连接互联网的计算机、智能手机等移动设备。
软件准备：测量光照强度等App、办公软件。

数据小侦探：基础解密

第1课　开展对学校种植区的研究——研究准备

我的智能生活

　　学校的种植区分布在不同区域，植物的生长环境也不尽相同。我们借助智能 App，为美化学校环境贡献一份力量。

我的智能活动计划

　　如何开展对学校种植环境的研究？智能 App 在哪些方面可以帮助我们？同学们可以参考下面的流程来开展本节课的学习，如图 4.3 所示。

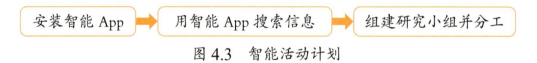

图 4.3　智能活动计划

我的智能学习

　　人工智能（AI）App 应运而生，我们可以利用手机或者其他智能设备随时随地查询我们所需要的知识。

　　首先，安装智能 App。不同的移动设备，操作系统也不同。选择和安装智能 App 的方法，如图 4.4 所示。

图 4.4　选择和安装智能 App 的方法

第 4 单元　建言献策——对学校种植区适合种植的植物品种的建议

其次，搜索信息。你输入的问题或需求越具体，得到的结果越符合你的要求。用智能 App 进行信息搜索的流程如图 4.5 所示。

注册与登录 ➡ 输入问题或需求 ➡ 等待处理与分析 ➡ 查看和分析结果

图 4.5　用智能 App 进行信息搜索的流程

我的智能探索

组建由 3～4 人组成的研究小组。借助智能 App 确定小组名称，对小组成员进行分工。具体步骤如下。

1. 推选组长。

2. 确定小组名称。

3. 根据研究目的和内容，对小组成员进行分工。

将讨论结果记录下来，如表 4.1 所示。

表 4.1　研究小组成员及分工情况

小组名称	
小组成员	
小组成员的分工	

姓名	称呼	主要负责任务（可多选）
	例如：组长或成员	☐组建研究小组 ☐调查学校种植区的分布情况 ☐测量种植区影响植物生长的环境数据 ☐查询适合种植区种植的植物品种 ☐撰写《我对学校种植区适合种植的植物品种的建议》 ☐其他：＿＿＿＿＿＿＿＿＿＿
		☐组建研究小组 ☐调查学校种植区的分布情况

数据小侦探：基础解密

续表

姓名	称呼	主要负责任务（可多选）
		☐测量种植区植物生长的环境数据 ☐查询适合种植区种植的植物品种 ☐撰写《我对学校种植区适合种植的植物品种的建议》 ☐其他：_____
		☐组建研究小组 ☐调查学校种植区的分布情况 ☐测量种植区影响植物生长的环境数据 ☐查询适合种植区种植的植物品种 ☐撰写《我对学校种植区适合种植的植物品种的建议》 ☐其他：_____

我的智能成果

请将本节课的学习活动表现记录在表 4.2 中。

表 4.2 我的学习活动表现

评价内容	自我评价	组长评价
完成研究小组的组建	☆☆☆☆☆	☆☆☆☆☆
学会安装智能 App	☆☆☆☆☆	☆☆☆☆☆
能借助智能 App 确定小组名称	☆☆☆☆☆	☆☆☆☆☆
了解具体分工的含义，对小组成员进行分工	☆☆☆☆☆	☆☆☆☆☆

我的智能视野

回顾本节课的学习内容，利用掌握的知识和方法，同学们可以借助智能 App 查询"二十四节气中，与植物生长和变化密切相关的节气"。

第 4 单元　建言献策——对学校种植区适合种植的植物品种的建议

第 2 课　调研种植区的环境——收集环境数据

我的智能生活

在我们的生活中，测量或监测植物生长环境的 App 有很多，借助它们，我们可以更方便地测量种植区影响植物生长的环境数据。

我的智能活动计划

利用测量 App，我们可以收集哪些影响植物生长的环境数据？这需要我们考虑种植区影响植物生长的环境因素和现有智能设备之间的关系。同学们可以参考下面的流程来开展本节课的学习，如图 4.6 所示。

图 4.6　智能活动计划

我的智能学习

利用表格记录种植区影响植物生长的环境数据，可以帮助我们更好地组织、理解、分析和利用数据。如何求数据的最大值、最小值和平均值？其步骤如图 4.7 所示。

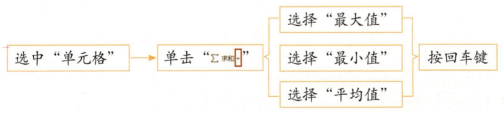

图 4.7　求数据的最大值、最小值和平均值的步骤

数据小侦探：基础解密

在计算的过程中，你需要观察自动选择的数据范围是否正确，如图 4.8 所示。可以通过调整蓝色的边框，选择正确的取值范围。

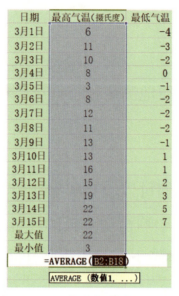

图 4.8　自动选择的数据范围

我的智能探索

很多智能 App 能够实时监测光照强度、温度、湿度等影响植物生长的因素。完成下面的任务，将研究结果记录在表 4.3 中。

1. 确定要测量的种植区影响植物生长的因素。
2. 安装可以测量种植区影响植物生长因素的 App。
3. 测量并记录数据。

表 4.3　种植区影响植物生长的环境数据记录表

种植区编号	测量因素	记录日期												数据分析		
		月日	月日	月日	月日	月日	月日	月日	月日	月日	月日	月日	月日	最大值	最小值	平均值
1	温度/摄氏度															
	光照强度/勒克斯															
	湿度															
2	温度/摄氏度															
	光照强度/勒克斯															
	湿度															

第 4 单元 建言献策——对学校种植区适合种植的植物品种的建议

我的智能成果

请将本节课的学习活动表现记录在表 4.4 中。

表 4.4 我的学习活动表现

评价内容	自我评价	组长评价
初步学会分析影响植物生长的因素	☆☆☆☆☆	☆☆☆☆☆
会安装可以测量环境数据的 App	☆☆☆☆☆	☆☆☆☆☆
学会测量环境数据	☆☆☆☆☆	☆☆☆☆☆
能够将测量数据录入《种植区影响植物生长的环境数据记录表》	☆☆☆☆☆	☆☆☆☆☆

我的智能视野

回顾本节课的学习内容，利用掌握的知识和方法，同学们可以在手机等移动终端上安装体育运动类 App，或者利用微信运动类小程序、智能手环等设备记录下你的步数、运动的时间等，为自己制作一份《运动记录表》。

数据小侦探：基础解密

第3课　为种植区选择适合的植物——运用环境数据

我的智能生活

世界上有很多植物，它们有的喜阳，只有在充足的阳光下才能绽放美丽的花朵；有的喜阴，能在阴暗的角落里茁壮成长；有的喜水，能在湿润的沼泽地环境中生长良好；有的则耐旱，能在干旱的沙漠中顽强生存。这些差异体现了植物的多样性。识物App能够快速地识别出植物的品种，告诉我们植物的生长环境等信息。

我的智能活动计划

我们调研的种植区环境数据，是我们选择植物种类的必要条件。同学们可以参考下面的流程来开展本节课的学习，如图4.9所示。

图4.9　智能活动计划

我的智能学习

一、使用浏览器下载图片

在手机或者其他智能设备上，通过浏览器查询信息，以下载"吊兰"图片为例，其操作步骤如图4.10所示。

图4.10　下载图片的操作步骤

二、使用识物 App 查询信息

目前，很多识物 App 可以通过给植物拍照或者用植物的照片来识别植物的品种，并显示其相关信息。

首先，选择并安装识物 App。在搜索时选择的关键词变为"识物"。

其次，使用识物 App 识别植物、了解植物信息，识别方式有以下两种。

第一种方式是拍照识别。将手机对准要识别的植物，然后按下"拍照"按钮即可识别，如图 4.11 所示。

图 4.11　手机识物 App——拍照

第二种方式是选择相册中的照片识别植物。选择"相册"从相册中选择照片，点击"已完成"即可识别照片中的植物，如图 4.12 所示。

我的智能探索

以测量数据为搜索条件，

图 4.12　手机识物 App——从相册中选择照片

数据小侦探：基础解密

通过智能 App 查询适合种植的植物的名称，将你查询到的数据记录在表 4.5 中。

表 4.5　适合学校种植区环境的植物品种

	种植区序号	影响植物生长的环境数据（温度、光照强度、湿度的取值范围）	适合种植的植物的名称
我的发现		例如，温度：15～20摄氏度；光照强度80～120勒克斯；湿度：干燥。	例如：多肉、吊兰、金琥
我的结论	种植区序号	适合学校种植区环境的植物品种（写出3～5个）	

我的智能成果

请将本节课的学习活动表现记录在表 4.6 中。

表 4.6　我的学习活动表现

评价内容	自我评价	组长评价
能够使用智能 App 查询适合种植区环境的植物名称	☆☆☆☆☆	☆☆☆☆☆
学会使用浏览器下载图片	☆☆☆☆☆	☆☆☆☆☆
学会使用识物 App 识别植物品种	☆☆☆☆☆	☆☆☆☆☆

我的智能视野

　　回顾本节课的学习内容,我们利用掌握的知识和方法,体会使用浏览器、识物 App 和其他智能 App 查询结果的不同。选择一种方式了解你摄入的食物的营养成分,再利用智能 App,为你生成一份《营养与健康评估》。

数据小侦探：基础解密

第4课 我对学校种植区适合种植的植物品种的建议——用数据说话

我的智能生活

通过前期的数据收集、分析和运用，我们已经确定学校种植区要种植的植物的名称。接下来，我们要借助智能App帮忙撰写种植建议报告。

我的智能活动计划

如何为学校撰写一份种植区适合种植的植物品种的建议报告？同学们可以参考下面的流程来开展本节课的学习，如图4.13所示。

图4.13 智能活动计划

我的智能学习

撰写建议报告分为4个步骤，如图4.14所示。

图4.14 撰写建议报告的步骤

其中，查询建议报告的格式、撰写建议报告的文字内容，我们可以使用智能App辅助我们完成。对于生成的结果，我们需要检查

第4单元　建言献策——对学校种植区适合种植的植物品种的建议

文本的语法、逻辑、连贯性和准确性，并进行必要的调整。

《我对学校种植区适合种植的植物品种的建议》框架如表4.7所示。

表4.7　《我对学校种植区适合种植的植物品种的建议》框架

	建议报告的文字内容	呈现方式
我的发现	□题目	□文字□图片□图表□数据（表格）
	□研究目的	□文字□图片□图表□数据（表格）
	□学校种植区环境分析	□文字□图片□图表□数据（表格）
	□植物品种推荐及植物介绍	□文字□图片□图表□数据（表格）
	□种植与管理建议	□文字□图片□图表□数据（表格）
	□总结	□文字□图片□图表□数据（表格）
我的补充	你觉得还可以增加什么内容？	

我的智能探索

一、撰写《我对学校种植区适合种植的植物品种的建议》

借助智能App，撰写建议报告的各部分文字内容，并将记录的数据或生成的图表插入建议报告中，完成《我对学校种植区适合种植的植物品种的建议》。

二、发布《我对学校种植区适合种植的植物品种的建议》

在全班发布建议报告，并进行评价，将评价结果记录在表4.8中。

表 4.8　互评表

小组名称	评分	建议
	☆☆☆☆☆	
	☆☆☆☆☆	
	☆☆☆☆☆	
	☆☆☆☆☆	

三、修改、完善《我对学校种植区适合种植的植物品种的建议》

根据同学的建议，修改、完善你的《我对学校种植区适合种植的植物品种的建议》。

我的智能成果

撰写《我对学校种植区适合种植的植物品种的建议》。请将本节课的学习活动表现记录在表 4.9 中。

表 4.9　我的学习活动表现

评价内容	自我评价	全班评价
借助智能 App，撰写、扩写建议报告的各部分文字内容	☆☆☆☆☆	☆☆☆☆☆
能够在建议报告中插入图片、图表或数据（表格）	☆☆☆☆☆	☆☆☆☆☆
能够完成《我对学校种植区适合种植的植物品种的建议》，并在班里发布	☆☆☆☆☆	☆☆☆☆☆

第 4 单元　建言献策——对学校种植区适合种植的植物品种的建议

我的智能视野

回顾本节课的学习过程，利用掌握的知识和方法，我们还可以使用生成式 AI 做很多事情。例如，生成调研问卷、AI 绘画、自动翻译等。请利用智能 App 中的"LOGO 设计"功能，设计学校种植区的 LOGO。

单元总结

我做了什么

通过本单元的学习活动，同学们学习了使用智能 App 测量种植区的环境数据、查询信息、识别植物，完成了《我对学校种植区适合种植的植物品种的建议》的撰写。在这个过程中，我们既了解了智能 App 的使用方法，也了解了植物种植的相关知识。

我学会了什么

梳理本单元的活动内容，同学们会发现使用智能 App 使我们的生活更加便捷。请你回顾所学内容，在图 4.15 的基础上绘制思维导图。为今后撰写研究报告提供参考。

图 4.15　本单元思维导图

我的收获

本单元的学习即将结束，同学们完成了《我对学校种植区适合种植的植物品种的建议》的撰写。在这个过程中，你认为还涉及了哪些学科的知识？你有什么收获？请写出来。